La Formidable Puissance de la Bénédiction

Richard Brunton

La Formidable Puissance de la Bénédiction
Publié par Richard Brunton Ministries
Nouvelle Zélande

© 2018 Richard Brunton

Seconde édition

ISBN 978-0-473-43497-7 (Softcover)
ISBN 978-0-473-43498-4 (ePUB)
ISBN 978-0-473-43499-1 (Kindle)
ISBN 978-0-473-43500-4 (PDF)

Montage:
Remerciements particuliers à
Joanne Wiklund et Andrew Killick
pour rendre l'histoire plus lisible qu'elle
ne l'aurait été autrement!

Production et mise en page:
Andrew Killick
Castle Publishing Services
www.castlepublishing.co.nz

Couverture de:
Paul Smith

Traduit en français:
Alain Jeanne

Les citations bibliques sont tirées de la version
de la Bible Francaise de Louis Segond 1910.

TOUS LES DROITS SONT RÉSERVÉS

Aucune partie de cette publication ne peut être reproduite,
stockée dans un système de récupération ou transmise sous
quelque forme ou par quelque moyen; électronique, mécanique,
photocopie, enregistrement ou autrement,
sans l'autorisation écrite préalable de l'éditeur.

SOMMAIRE

Avant-Propos — 5
Introduction — 9

Première Partie: Pourquoi Bénir? — 13
La Perspicacité — 15
La Puissance de Notre Parole — 19
Passer Du « Bien-Dire » à la Bénédiction — 22
Qu'est-Ce Que la Bénédiction Chrétienne? — 24
Notre Autorité Spirituelle — 27

Deuxième Partie: Comment le Faire — 35
Quelques Principes Importants — 37
    Faire d'une Bouche Saine un Mode de Vie — 37
    Demandez au Saint-Esprit Ce Qu'Il Faut Dire — 37
    La Bénédiction, Distincte de l'Intercession — 38
    Ne Juge Pas — 39
    Un Exemple pour Illustrer — 40
Les Différentes Situations Que Nous Pouvons Rencontrer — 42
    Bénir Ceux Qui Vous Insultent ou Vous Maudissent — 42

Bénir Ceux Qui Vous Blessent ou Vous Rejettent	43
Bénir Ceux Qui Vous Ont Offensé	46
Bénir, Au Lieu de Maudire, Nous-Mêmes	50
Reconnaître et Briser les Malédictions	50
Bénir la Bouche d'Autrui	53
Bénir l'Esprit d'Autrui	54
Bénir Nos Corps	55
Bénir Votre Demeure, Votre Mariage et Vos Enfants	60
La Bénédiction du Père	68
Bénir Autrui en Libérant la Prophétie	73
Bénir Votre Lieu de Travail	74
Bénir une Communauté	77
Bénir la Terre	79
Bénir le Seigneur	80
Un Dernier Mot d'Une Lectrice	82
Applications	83
Comment Devenir un Chrétien	85

AVANT-PROPOS

Je vous encourage à lire ce petit livre accompagné de son puissant message – vous serez changé!

C'était, alors que Richard Brunton et moi prenions notre petit-déjeuner un matin qu'il partagea ce que Dieu lui avait révélé sur la puissance de la bénédiction, et j'ai immédiatement vu le potentiel d'un grand impact sur la vie d'autrui.

J'ai filmé son message afin de le montrer au camp des hommes de notre église. Les hommes présents pensèrent que c'était tellement bien qu'ils voulaient le faire écouter à toute l'église. Les personnes commencèrent à le mettre en pratique dans tous les domaines de leur vie et nous entendîmes d'étonnants témoignages en retour. Un homme d'affaires nous a raconté que ses affaires étaient passées du rien au profit en deux semaines. D'autres étaient physiquement guéris après avoir commencé à bénir leur corps.

D'autres opportunités d'entendre ce message ont commencé à émerger. Je devais prendre la parole à une Réunion des Généraux (où les pasteurs se réunissent ensemble pour apprendre et être « rafraichis ») au Kenya et en Ouganda. Richard m'a accompagné pour ce voyage et a fait une session sur la bénédiction. Le message a percé des vides et des maux enterrés il y a longtemps. La plupart des personnes de l'audience n'avait jamais été bénis par leur père et quand Richard se glissa dans ce rôle, et les bénit, plusieurs pleurèrent et connurent un relâchement émotionnel et spirituel, accompagné d'un changement immédiat dans leur vie.

Savoir bénir a eu un impact sur ma vie au point où je cherche maintenant les opportunités de bénir les autres 'en paroles et en actes'- au travers de ce que je dis et fais. Vous apprécierez ce petit livre, et si vous l'appliquez sur votre vie, votre plénitude abondera et débordera pour le Royaume de Dieu.

Geoff Wiklund
Pasteur Supérieur de l'Assemblée de Dieu,
Président du ministère des Teneurs de Promesse,
Auckland, Nouvelle Zélande

Dieu a béni Richard avec une révélation du pouvoir de la bénédiction quand elle est dispensée aux autres. Je crois que c'est une révélation de Dieu pour notre temps.

Comme Richard vit son message, cela apporte une authenticité à laquelle les gens s'identifient immédiatement.

Cela nous a amené à inviter Richard à tous nos évènements, afin de parler aux hommes de Teneurs de Promesses. L'impact était immensément puissant et a changé la vie de beaucoup.

La Bénédiction a été un sujet qui a touché et bouleversé le cœur des hommes lors des événements des Teneurs de Promesses. Il y a eu une réponse positive massive à cet enseignement important – Bénir, la bénédiction et le pouvoir du « Bien Dire ». Beaucoup d'hommes n'avaient jamais vraiment reçu de bénédiction ou ne l'avaient donné aux autres. Après avoir entendu le message de Richard et lu ce livre, ils ont reçu une bénédiction puissante et ont été préparés à bénir les autres au nom du Père, du Fils et du Saint-Esprit.

Je rends hommage à Richard et recommande ce livre sur *La Formidable Puissance de la Bénédiction* comme un puissant moyen de libérer la plénitude de la bénédiction de Dieu dans nos familles, nos communautés et notre nation.

Paul Subritzky
Directeur National, Promise Keepers
Auckland, Nouvelle Zélande

INTRODUCTION

Tout le monde aime entendre des nouvelles excitantes – et cela est encore mieux lorsque c'est vous qui les donnez!

Quand j'ai découvert la valeur de donner une bénédiction, c'était comme si j'étais l'homme de la bible qui découvrit le trésor dans le champ. J'ai partagé mes pensées et mes expériences avec enthousiasme au Pasteur Geoff Wiklund et il m'a demandé de parler aux hommes de son église à un camp en février 2015. Ils étaient si impressionnés qu'ils voulurent que toute l'église entende ce message.

Quand j'ai parlé à l'église, il se passa que le Révérend Brian France, des ministères des Chrétiens de Charisma, et Paul Subritzky, des Teneurs de Promesses de Nouvelle Zélande étaient là ce jour. Cela me donna la chance de partager mon message à Charisma en Nouvelle Zélande et aux îles Fidji, mais aussi aux hommes de

Teneurs de Promesses. Plusieurs ont pris ce message avec eux et ont commencé immédiatement à le mettre en pratique avec d'excellents résultats. Certains dirent qu'ils n'avaient jamais entendu parler d'un enseignement sur cet aspect du Royaume de Dieu.

Le ministère de la bénédiction sembla faire boule de neige. (Dieu ne dit-il pas, « Le cadeau d'un homme lui fera de la place »?). Vers la fin 2015, j'ai accompagné le Pasteur Geoff au Kenya et en Ouganda. Il exerçait son ministère à des centaines de pasteurs à la Réunion des Généraux. C'était un évènement annuel où les délégués cherchaient inspiration et support, et Geoff a estimé que mon enseignement sur la bénédiction leur serait utile. Et cela s'est avéré être le cas. Non seulement les pasteurs, mais d'autres participants d'Amérique, d'Australie et d'Afrique de Sud ont senti que c'était un puissant message et m'ont demandé de faire quelque chose afin de le transmettre à une audience plus large.

Je n'ai jamais voulu construire ou maintenir un site internet, ni voulu écrire une œuvre profonde alors que d'autres excellents ouvrages existaient déjà. Le message de bénédiction est très simple – facile à mettre en pratique – et je ne voulais pas que sa simplicité soit noyée dans la complexité – d'où ce petit livre.

J'ai choisi des citations de *La Puissance de la Bénédiction* de Kerry Kirkwood, *L'Effusion de Grâce: devenir une personne de la bénédiction* de Roy Godwin et Dave Roberts, *La Bénédiction du Père* de Frank Hammond et *Le Miracle et la Puissance de la Bénédiction* de Maurice Berquist. Je suis sûr d'avoir pris ou appris d'autres personnes aussi, mais au fil des ans, tout cela s'est mélangé.

Découvrir la puissance de la bénédiction ouvrira une nouvelle façon de vivre pour tous ceux qui l'appliquent. Je bénis les personnes la plupart du temps maintenant – croyants et non croyants – dans les cafés, restaurants, hôtels et même dans la rue. J'ai béni des orphelins, du personnel d'orphelinat, une hôtesse de l'air en vol, des vergers, des animaux, des portefeuilles, des sociétés et des conditions médicales. J'ai vu des hommes adultes et des femmes, en pleurs contre ma poitrine alors que je leur donnais la bénédiction du Père.

Alors que je parlais avec des non-croyants, j'ai trouvé que « Puis-je vous bénir / votre entreprise / votre mariage, etc.? » est moins menaçant que « Puis-je prier pour vous? » En effet, cette approche simple, exprimée dans un souci d'amour, a amené un des membres de ma famille à venir connaître l'amour et le pouvoir salvateur de Jésus-Christ, après des années de disputes.

Je n'ai pas souvent eu la chance d'en voir les résultats, mais j'en ai assez vu pour savoir que la bénédiction change les vies. Et elle a changé la mienne aussi.

C'est dans la nature de Dieu de bénir et, comme des créatures faites à Son image, c'est aussi dans notre ADN spirituel. Le Saint Esprit est pour les gens de Dieu, prêt à sortir dans la foi et dans l'autorité que Jésus Christ a gagnée pour eux, afin de transformer les vies.

Je suis sûr que vous trouverez ce livret utile. Jésus ne nous a pas laissé impuissant. Parler de bénédictions dans toutes sortes de situations est une grâce spirituelle oubliée qui a le potentiel de changer notre monde.

Prenez du plaisir.
Richard Brunton

PREMIERE PARTIE:

Pourquoi Bénir?

LA PERSPICACITÉ

Ma femme Nicole est Néo-Calédonienne et donc, bien sûr, cela signifiait que je devais apprendre à parler le français et passer une bonne partie de mon temps dans sa ville natale, Nouméa. Bien que la Nouvelle Calédonie soit principalement une terre catholique, j'ai vite remarqué que beaucoup de personnes encore gardaient des contacts avec le « côté obscur », tout en pratiquant en même temps leur religion. Il n'était pas anormal pour les personnes de rendre visite à un medium, un voyant ou un guérisseur sans comprendre qu'ils consultaient en fait un sorcier.

Je me rappelle ma femme m'emmener rendre visite à une jeune femme dans la vingtaine qui avait été emmenée à un de ces « guérisseurs », mais qui, peu de temps après, avait fini dans une maison pour des personnes souffrant de problèmes mentaux ou dépressives. Quand j'ai compris qu'elle était chrétienne, j'ai ordonné aux démons qui étaient en elle de partir, au nom de Jésus Christ. Un prêtre catholique priait aussi et, entre nous, cette fille était libérée et autorisée à quitter l'institut peu de temps après.

D'autres pratiquent leur religion catholique et en plus, montrent des statues ou autres objets d'autres dieux. J'ai rencontré un tel homme et il avait des problèmes d'estomac en continu. Un jour, je lui ai dit que je croyais que s'il se débarrassait de ce gros, gras Bouddha qui était devant sa maison – il était tout illuminé la nuit – ses problèmes d'estomac cesseraient. En plus, quelques autres de ces objets qu'il avait collectionnés devaient partir. Il a résisté – comment ces choses « mortes » pourraient le rendre malade? après quelques mois, je l'ai revu et lui ai demandé comment était son estomac. Quelque peu penaud, il a répondu, « j'ai finalement écouté tes conseils et me suis débarrassé du Buddha; mon estomac est maintenant en bonne santé. »

Une autre fois, on m'a demandé de rendre visite à une personne atteinte du cancer. Avant de commencer à prier, j'ai suggéré d'enlever les statues de

Bouddha dans son salon, ce que son mari a immédiatement fait. Alors que je brisais la malédiction en elle et demandais aux démons de quitter son corps au nom de Jésus Christ, elle a décrit une froideur traversant son corps des pieds à la tête.

Donc, fort de cela, j'ai décidé de donner un enseignement sur « les malédictions » à un groupe de prière que ma femme et moi avions commencé dans notre appartement de Nouméa. Le cours était basé sur le travail du corps de Derek Prince (Derek Prince était un enseignant religieux fameux du vingtième siècle). Alors que je préparais mon message en français, j'ai appris que la racine des mots « malédiction » et « bénédiction » était « mal dire » et « bien dire ».

Avant, quand je comparais « malédiction » et « bénédiction », « malédiction » semblait sombre, lourd et dangereux, et « bénédiction » semblait légère et bénigne. J'avais entendu des enseignements sur la malédiction avant, mais jamais sur la bénédiction – ce qui a probablement contribué à ma perception. Je n'ai aussi jamais entendu quelqu'un bénir une autre personne avec une intention réelle et un impact. En fait, l'étendue de la bénédiction d'un chrétien pourrait être de dire, « Je te bénis », quand quelqu'un éternue, ou écrire « Bénédictions » à la fin d'une lettre ou d'un courriel – comme si s'était presqu'une habitude plutôt qu'une chose intentionnelle.

Plus tard, alors que je repensais à ces mots, « malédiction » et « bénédiction », il m'est apparu que si « mal dire » était puissant, alors « bien dire » devrait être au moins aussi puissant et, avec l'aide de Dieu, probablement beaucoup plus puissant.

Cette révélation, ainsi que d'autres idées, que nous verrons plus loin, a déclenché en moi la mission de découvrir la *puissance* de la bénédiction.

LA PUISSANCE DE NOTRE PAROLE

Ne voulant pas répéter ce que beaucoup de livres ont déjà dit au sujet de la puissance de nos mots, je veux donner un résumé de ce que je crois est très important en la matière.

Nous savons que:

> *La mort et la vie sont au pouvoir de la langue;*
> *et Quiconque l'aime en mangera les fruits.*
> *(Proverbes 18:21)*

Les mots contiennent une puissance effroyable – soit positive et constructive, soit négative et destructive. Chaque fois que nous utilisons des mots (et même dits sur un ton particulier, qui ajoute un sens aux mots), nous parlons soit vie ou mort à ceux qui nous entendent et à soi-même. De plus, nous savons que:

> C'est de l'abondance du cœur que la bouche parle. L'homme bon tire de bonnes choses de son bon trésor, et l'homme méchant tire de mauvaises choses de son mauvais trésor. (Mathieu 12:34,35)

Ainsi, d'un cœur critique parle une langue critique; d'un cœur vertueux, une langue qui juge; d'un cœur ingrat, une langue qui se plaint; et ainsi de suite. De même, des cœurs luxurieux portent des fruits correspondants. Le monde est plein de paroles négatives. Les médias en « étalent » jour après jour. La nature humaine étant ce qu'elle est, nous avons tendance à ne pas bien parler des personnes ou des situations. Cela semble ne pas venir naturellement chez nous. Nous attendons souvent la mort d'une personne avant de dire de belles choses sur elle. Néanmoins, le « bon trésor » fait jaillir des cœurs affectueux qui parleront avec une langue gracieuse; d'un cœur pacifique, une langue réconciliante; et ainsi de suite.

La déclaration, « … et ceux qui l'aiment en mangeront son fruit » suggère que nous récolterons ce que nous avons semé – que ce soit bon ou mauvais. En d'autres termes, vous récolterez ce que vous dites. Que pensez-vous de cela?

Cela est vrai pour tous les humains, que vous ayez une croyance chrétienne ou non. Les Chrétiens tout comme les non-Chrétiens peuvent parler des mots de la vie – par exemple, chacun pourrait dire: « Mon fils, c'est une grande hutte que tu as construite. Tu pourrais être un excellent bâtisseur ou architecte un jour. Bien joué! »

Cependant, un chrétien « re-né » a un *nouveau* cœur. La Bible nous dit que nous sommes de « nouvelles créatures » (2 Corinthiens 5:17). Par conséquent, en tant que chrétiens, nous devrions faire plus de « bien dire » et moins de « mal dire ». Nous pouvons facilement tomber dans la négativité si nous ne sommes pas attentifs à nos cœurs et à nos mots. Une fois que vous commencez à penser consciemment à ceci, vous serez surpris de voir comment souvent les chrétiens, même involontairement – maudissent eux-mêmes et autrui. Nous parlerons plus de ce sujet plus loin.

PASSER DU « BIEN-DIRE » À LA BÉNÉDICTION: NOTRE VOCATION

En tant que Chrétiens, avec la vie de notre Seigneur Jésus qui coule à travers nous, nous pouvons aller au-delà du juste « bien dire » – nous pouvons dire et répandre la bénédiction aux personnes et aux situations – et effectivement nous sommes appelés à le faire. Peut-être que bénir est notre grande vocation. Lisez le passage suivant:

> *Soyez pleins d'amour fraternel, de compassion, d'humilité, ne rendez point mal pour mal, ou injure pour injure; bénissez, au contraire, car c'est à cela que vous avez été appelés, afin d'hériter la bénédiction. (1 Pierre 3:8,9)*

Nous sommes appelés à bénir et à recevoir la bénédiction. La première chose que Dieu a dite à Adam et Eve était une bénédiction.

Dieu les bénit, et Dieu leur dit: Soyez féconds, multipliez, remplissez la terre, et l'assujettissez… (Genèse 1:28)

Dieu les a bénis de façon à ce qu'ils soient féconds. La bénédiction est un attribut de Dieu – c'est ce qu'il fait! Et comme Dieu – et de Dieu – nous aussi avons l'autorité et le pouvoir de bénir autrui.

Jésus a béni. La dernière chose qu'il a faite, alors même qu'il montait vers les cieux, a été de bénir ses disciples:

Il les conduisit jusque vers Béthanie, et, ayant levé les mains, il les bénit. Pendant qu'il les bénissait, il se sépara d'eux, et fut enlevé au ciel. (Luc 24:50,51)

Jésus est notre modèle. Il a dit que nous devrions faire les mêmes choses qu'il a faites, en son nom. Nous avons été conçus par Dieu pour bénir.

QU'EST-CE QUE LA BÉNÉDICTION CHRÉTIENNE?

Dans l'Ancien Testament, le mot « bénédiction » est le mot hébreu *barak*. Cela signifie simplement, « parler de l'intention de Dieu ».

Dans le Nouveau Testament, le mot « bénédiction » est le mot grecque *eulogia*, à partir duquel nous obtenons le mot « éloge ». Donc, en pratique, cela veut dire « bien parler de » ou « parler de l'intention ou de la faveur de Dieu » à une personne.

C'est cette définition de la bénédiction que nous utiliserons dans ce livre. Bénir est dire les intentions ou faveurs de Dieu à quelqu'un ou à des situations.

Dieu, pour la plupart, dans Sa sagesse, a décidé de limiter Son œuvre sur Terre à ce qu'il peut accomplir au travers de Son peuple. C'est la façon dont Il apporte Son royaume sur Terre. En conséquence, Il veut que nous bénissions en Son nom. Donc, en tant que Chrétien, je peux parler des intentions ou des faveurs de Dieu à quelqu'un ou à des situations au nom de Jésus. Si je le fais avec foi et amour, alors je reçois la puissance du Paradis sur ce que je dis, et je peux compter Dieu pour changer les choses d'où elles sont, à l'endroit où Il veut qu'elles soient. Lorsque je bénis intentionnellement quelqu'un avec amour et foi, je permets à Dieu d'activer Ses visions pour cette personne.

D'un autre côté, une personne mal intentionnée, ou plus souvent par inadvertance, peut dire les intentions de Satan à quelqu'un, ou même à eux-mêmes, ce qui alors permet aux forces démoniaques d'activer leurs plans pour cette personne – qui sont: voler, tuer et détruire. Mais louer Dieu,

Celui qui est en vous est plus grand que celui qui est dans le monde. (1 Jean 4:4)

Il est du fond du cœur de Dieu de bénir – en conséquence Sa vraie nature! Le désir de Dieu de bénir est incroyablement extravagant. Rien ne peut Le stopper. Il est déterminé à bénir l'humanité. Sa vision est que Jésus aura beaucoup de frères et sœurs. C'est nous! Pourtant, bien que ce soit le cœur même de Dieu de bénir l'humanité, Il désire encore plus que Son peuple se bénisse les uns les autres.

Quand nous bénissons au nom de Jésus, le Saint Esprit vient parce que nous réfléchissons la lumière de ce que le Père est en train de faire. Nous parlons les mots que le Père désire être dit. Je suis constamment étonné de voir combien cela est vrai. Quand je bénis quelqu'un, le Saint Esprit est impliqué – Il touche l'autre personne, l'amour est libéré et les choses changent. Souvent les gens me serrent dans les bras après, ou ils pleurent et disent, « vous ne savez pas comment opportun et puissant cela était », ou « vous ne savez pas à quel point j'en avais besoin ».

Mais ici est un point très important à noter: nous bénissons à partir d'un lieu d'intimité avec Dieu, de Sa présence. Notre proximité spirituelle avec Dieu est de toute importance. Nos mots sont Ses mots, ils sont oints avec Sa puissance afin d'accomplir Ses intentions pour la personne ou la situation. Mais, revenons un peu en arrière…

NOTRE AUTORITÉ SPIRITUELLE

Dans l'Ancien Testament, les prêtres étaient là pour agir au nom des gens et pour leur prononcer la bénédiction.

> *Vous bénirez ainsi les enfants d'Israël, vous leur direz:*
>
> *Que l'Eternel te bénisse, et qu'il te garde!*
> *Que l'Eternel fasse luire sa face sur toi, et qu'il t'accorde sa grâce!*
> *Que l'Eternel tourne sa face vers toi, et qu'il te donne la paix!*
>
> *C'est ainsi qu'ils mettront mon nom sur les enfants d'Israël, et je les bénirai. (Nombres 6:23-27)*

Dans le Nouveau Testament, nous les Chrétiens, sommes appelés:

> ...une race élue, un sacerdoce royal, une nation sainte, un peuple acquis, afin que vous annonciez les vertus de celui qui vous a appelés des ténèbres à son admirable lumière. *(1 Pierre 2:9)*

Et Jésus

> ...et a fait de nous un royaume, des sacrificateurs pour Dieu son Père... *(Révélation 1:6)*

Il y a quelques temps de cela, j'étais assis à Ouen Toro, un point d'observation à Nouméa, à la recherche d'un message à apporter à un groupe de prière. J'ai senti Dieu dire, « vous ne savez pas qui vous êtes ». Puis quelques mois plus tard: « si seulement vous saviez l'autorité que vous avez au nom de Jésus Christ vous changeriez le monde. » Ces deux messages étaient pour des groupes de gens particuliers mais, j'ai réalisé plus tard, qu'ils m'étaient aussi destinés.

Je pense qu'il est généralement admis dans les milieux chrétiens que parler directement à un mal ou une condition, « une montagne » (Marc 11:23), et appeler une guérison est plus efficace que de demander à Dieu de le faire (Matthieu 10:8; Marc 16:17-18). Cela a certainement été mon expérience ainsi que l'expérience de plusieurs autres personnes reconnues et respectées, actives et avec du succès dans la guérison et dans le ministère de la délivrance. Je crois que Jésus dit en effet, « *vous* guérissez le malade (en mon nom). Ce n'est pas *Mon* travail, c'est *votre* travail. *Vous le faites* ».

Dieu veut guérir et Il veut le faire à travers nous. Dieu veut nous délivrer et Il veut le faire à travers nous. Dieu veut bénir et Il veut le faire à travers nous. Nous pouvons demander à Dieu de bénir, ou nous pouvons bénir au nom de Jésus.

Il y a quelques années, je me souviens prendre le temps d'arriver tôt au travail et bénir ma société. J'ai commencé par, « Dieu, bénis Colmar Brunton. » cela sentait plat. Puis j'ai changé-un peu timidement au début – de « Dieu bénis Colmar Brunton » à:

Colmar Brunton, je te bénis au nom du Père, du Fils et du Saint Esprit. Je te bénis à Auckland, et je te bénis à Wellington, et je te bénis dans les

> *régions. Je te bénis au travail et je te bénis à la maison. Je libère le Royaume de Dieu en ce lieu. Viens Saint Esprit, tu es le bienvenu ici. Je libère l'amour et la joie et la paix et la patience et la gentillesse et la bonté et la douceur et la fidélité et la maîtrise de soi et l'unité. Au nom de Jésus, je libère des idées du Royaume de Dieu qui pourraient aider nos clients à réussir et faire du monde un meilleur endroit. J'appelle la faveur des marchés de la part de nos clients. Je libère les faveurs du marché de l'emploi. Je bénis notre vision: « Meilleures Affaires, Meilleur Monde ». Au nom de Jésus, amen.*

Comme senti guidé, j'ai fait un signe de croix à notre entrée et appliqué spirituellement la protection du sang de Jésus sur notre société.

A partir du moment où j'ai changé « Dieu bénis Colmar Brunton » pour « je bénis Colmar Brunton au nom du Père, du Fils et du Saint Esprit », l'onction de Dieu m'est venue – je ressentais le plaisir et l'affirmation de Dieu. C'était comme s'Il disait, « je te la donne mon fils ; c'est ce que je veux que tu fasses. » Bien que j'aie maintenant dû le faire des centaines de fois, je ressens toujours le plaisir de Dieu. Et le résultat? L'atmosphère au bureau a changé, et changé rapidement, au point où les gens en parleraient ouvertement, et se demanderaient pourquoi les choses sont si différentes. C'était vraiment incroyable! Bénir peut réellement changer notre monde.

Mais je ne me suis pas arrêté là. Le matin, alors que les bureaux étaient encore vides, quand j'arrivais à la place de quelqu'un qui avait besoin de sagesse pour une situation particulière, je la bénissais, posant mes mains sur la chaise, croyant que l'onction d'accomplir la bénédiction passerait dans le tissu de la chaise et donc, sur la personne s'asseyant dessus (Actes 19:12). Dès que j'étais au courant des besoins spécifiques de telle ou telle personne, je la bénissais de cette façon.

Je me souviens particulièrement d'une personne qui habituellement blasphémait – c'est-à-dire qu'elle utilisait le nom de Dieu comme un juron. Un matin, j'ai posé mes mains sur sa chaise, ligotant l'esprit de blasphème, au nom de Jésus. Cela m'a pris plusieurs tentatives, mais finalement, l'esprit du mal qui se cachait derrière a dû s'incliner face à une puissance plus forte et le blasphème a disparu du vocabulaire de cet homme au travail.

Je me souviens aussi de cet homme venant me voir pour des prières, voulant que Dieu le sorte de ce lieu de travail car tout le monde blasphémait. J'ai adopté une position contraire: cet homme était là pour bénir ce lieu de travail et changer l'atmosphère! Nous pouvons changer notre monde.

Je me suis fait à l'idée que bien que Dieu désire bénir l'humanité, Il désire encore plus que nous – Son peuple, Ses enfants – bénissions l'humanité. Vous avez l'autorité spirituelle. *Vous bénissez!*

Notre Père divin veut que nous participions, que nous collaborions, avec Lui dans Son travail de rédemption. Nous pouvons bénir l'humanité avec la guérison et la délivrance mais nous pouvons aussi bénir l'humanité avec les paroles. Quel privilège et quelle responsabilité!

Donc, pour moi, la bénédiction est de parler des

desseins de Dieu au sujet de la vie des gens ou des situations avec amour, les yeux ouverts, intentionnellement, avec autorité et force, du fond de notre cœur empli du Saint Esprit. Autrement dit, bénir c'est agir avec foi en déclarant les intentions de Dieu pour cette personne ou cette situation. Quand nous déclarons les intentions de Dieu, nous libérons Sa capacité à changer les choses d'où elles sont à l'endroit où Il veut qu'elles soient.

Et rappelez-vous – nous sommes bénis parce que nous bénissons.

DEUXIEME PARTIE:

Comment Le Faire

QUELQUES PRINCIPES IMPORTANTS

Faire d'une Bouche Saine un Mode de Vie

> *Et donc, d'une même bouche sortent la bénédiction et la malédiction. Il ne faut pas, mes frères, qu'il en soit ainsi ! (Jacques 3:10, NLB)*

> *Si tu sépares ce qui est précieux de ce qui est vil, tu seras comme ma bouche. (Jérémie 15:19b, RSV)*

Si vous voulez parler des intentions de Dieu sur les gens, alors vous devez éviter de prononcer des mots qui ne valent rien – ou pire encore.

Demandez au Saint-Esprit Ce Qu'Il Faut Dire

Suscitez votre esprit (par le culte ou en parlant en langues). Demandez au Saint-Esprit de vous laisser ressentir l'amour du Père pour la personne que vous voulez bénir. Priez quelque chose comme ceci:

Père, que veux-tu qu'il soit dit? S'il te plaît, donne-moi un mot de bénédiction pour cette personne. Comment puis-je l'encourager ou la réconforter?

La Bénédiction, Distincte de l'Intercession
La plupart des gens trouve qu'il est assez difficile d'apprendre à donner la bénédiction. Invariablement, ils commencent à « intercéder », demandant à Dieu de bénir. Bien que ce soit une bonne chose à faire, une bénédiction donnée de cette façon est en fait une prière, et il est important de connaître la différence. Donner ou prononcer la bénédiction ne remplace pas la prière ou l'intercession, mais les accompagne – elles devraient être régulièrement données ensemble.

Les auteurs Roy Godwin et Dave Roberts, dans leur livre *L'effusion de grâce* l'ont très bien exprimé:

Quand nous bénissons, nous regardons la personne dans les yeux (si tel est le cas) et lui parlons directement. Par exemple, nous pouvons dire quelque chose comme, « je te bénis au nom du Seigneur, que la grâce du Seigneur Jésus se repose sur toi. Je te bénis en Son nom, que l'amour de Père t'entoure et t'emplisse, que tu saches au plus profond de toi-même combien Il t'accepte pleinement et complètement et qu'Il se réjouit de toi. »

Noter l'utilisation du pronom personnel « Je ». C'est ce « Je » qui prononce la bénédiction au nom de Jésus à la personne. Je n'ai pas prié Dieu afin de donner la bénédiction mais j'ai donné la bénédiction en utilisant l'autorité que Jésus nous a donné à prononcer la bénédiction aux gens afin qu'Il puisse venir et les bénir.

Ne Juge Pas
Ne juge pas si quelqu'un a le droit à la bénédiction ou pas. La vraie bénédiction, donnée à quelqu'un ou quelque chose, décrit la façon dont Dieu voit les choses. L'attention de Dieu n'est pas sur l'apparence au moment choisi, mais plutôt sur la façon dont elles devraient être.

Par exemple, Dieu a appelé Gédéon un « vaillant héros » (Juges 6:12) quand, en ce temps, il n'était pas du tout cela! Jésus a appelé Pierre « une pierre » (Matthieu 16:18) avant qu'il n'ait les « épaules » pour porter sur lui la dépendance des autres. En plus, nous lisons « Dieu, qui donne la vie aux morts, et qui appelle les choses qui ne sont point comme si elles étaient » (Romains 4:17). Si nous comprenons ceci, ça éliminera notre tendance à agir en tant que « juges » à savoir si quelqu'un a le droit à la bénédiction.

Le moins les gens ont le *droit* à la bénédiction, le plus ils en auront besoin. Les gens qui bénissent ceux qui le méritent le moins recevront la plus grande bénédiction en retour.

Un Exemple pour Illustrer
Imaginez un homme nommé Fred qui a un problème de consommation d'alcool. La femme de Fred n'est pas heureuse avec lui, alors peut-être qu'elle va prier quelque chose comme: « Que Dieu bénisse Fred. Faites-le arrêter de boire et qu'il m'écoute. » Mais il serait bien plus puissant de dire quelque chose comme:

Fred, je te bénis au nom de Jésus. Que les plans de Dieu sur ta vie se réalisent. Puisses-tu devenir l'homme, le mari et le père que Dieu a voulu que tu sois. Je te bénis pour te libérer de la dépendance. Je te bénis avec la paix du Christ.

La première bénédiction délègue le problème à Dieu. Cela ne demande aucun effort – c'est paresseux. C'est aussi critique et auto-satisfaisant, et se concentre sur les péchés de Fred.

La deuxième bénédiction nécessite plus de réflexion et plus d'amour. Ce n'est pas un jugement et il se concentre sur le potentiel de Fred plutôt que sur son état actuel. Récemment, j'ai entendu quelqu'un dire que Satan connaît notre nom et notre potentiel mais nous appelle par notre péché, alors que Dieu connaît notre péché mais nous appelle par notre vrai nom et notre potentiel. La deuxième bénédiction est plus en accord avec les plans et les desseins de Dieu. Elle reflète le cœur rédempteur de Dieu. Rappelez-vous, Dieu aime Fred.

LES DIFFÉRENTES SITUATIONS QUE NOUS POUVONS RENCONTRER

Je suis un étudiant en bénédiction. Quand j'ai commencé, je ne savais pas comment bénir et je ne trouvais pas grand-chose pour m'aider. J'ai vite commencé à réaliser qu'il y a beaucoup de sortes de situations, donc je veux vous offrir les suggestions suivantes. Vous pouvez les adapter aux besoins d'une situation particulière, et en fonction de ce que le Saint Esprit veut que tu dises. Cela demande de la pratique, mais ça vaut la peine.

Bénir Ceux Qui Vous Insultent ou Vous Maudissent
Il y a quelques années de cela, une employée qui avait récemment donné sa démission, est venue chez moi pour un café et pour dire au revoir. Ses croyances reflétaient celles du New Age. La « déesse de l'intérieur » et ceux qui lui ressemble. Pendant cette conversation, elle a dit que les deux dernières

sociétés pour lesquelles elle avait travaillées, avaient ensuite déclarées banqueroute. Je n'étais pas chrétien depuis longtemps à ce moment, j'ai quand même vu que ses paroles étaient une malédiction, prête à « atterrir ». J'ai ressenti de la peur pendant quelques secondes et après, dans ma tête, j'ai refusé de l'accepter. Mais je n'ai pas franchi l'étape supplémentaire de la bénir. Après lui avoir demandé si je pouvais prier pour elle ce que j'avais sur mon cœur, j'ai dû dire quelque chose comme:

Deborah (ce n'est pas son vrai nom), je noue l'influence de sorcellerie dans ta vie. Je te bénis au nom de Jésus. Je t'accorde la bonté de Dieu. Que les intentions de Dieu sur ta vie viennent à se réaliser... je bénis tes dons, que ceux-ci bénissent ton prochain employeur et amènent la gloire à Dieu. Que tu deviennes la femme merveilleuse que Dieu veut que tu sois. Au nom de Jésus, amen.

Bénir Ceux Qui Vous Blessent ou Vous Rejettent

Une fois, j'ai prié pour une femme qui luttait émotionnellement et financièrement après que son mari l'ait quittée. Je lui ai demandé si elle pouvait lui pardonner. Eh bien c'était dur mais, à son crédit, elle l'a fait. Puis je lui ai demandé si elle pouvait bénir son mari. Elle était un peu choquée, mais prête à essayer. Même si son mari n'était pas présent, je l'ai guidée au travers de ces lignes :

> *Je te bénis mon mari. Puissent tous les plans de Dieu pour ta vie et notre mariage se concrétiser. Puisses-tu devenir l'homme, le mari et le père que Dieu veut que tu sois. Que la grâce et la faveur de Dieu soient avec toi. Au nom de Jésus, amen.*

C'était difficile au début, mais ensuite elle a atteint le cœur du Père et l'onction de Dieu est tombée. Nous avons tous les deux pleurés alors que le Saint-Esprit répondait à ses besoins et, je crois, à ceux de son mari aussi. Les voies de Dieu ne sont pas nos voies.

Bénir dans ces types de situations est si courageux – majestueux, même – et semblable au Christ.

Bénir le non-méritant est le cœur de Dieu – Sa spécialité, pour ainsi dire. Considérez le voleur qui a été crucifié aux côtés de Jésus, ou la femme surprise dans l'adultère. Et vous, et moi?

La bénédiction n'est pas de notre monde et ne se fait pas naturellement de façon intuitive – ce n'est pas quelque chose que les personnes dans des situations blessantes se sentent naturellement enclins à faire. Mais c'est la voie de Dieu, et elle peut aussi bien guérir celui qui fait la bénédiction que celui qui la reçoit. Il supprime la giclée toxique de l'amertume, de la vengeance, du ressentiment et de la colère, qui pourrait autrement nuire à votre corps et raccourcir votre vie.

Voici un email que j'ai récemment reçu de Denis:

Il y a environ trois mois, je parlais à mon frère au téléphone. Nous ne nous appelons pas beaucoup car il vit et travaille dans une autre ville.

Alors que nous étions sur le point de finir notre conversation amicale, je lui ai demandé s'il me permettrait de bénir la compagnie qu'il fait tourner avec sa femme. Il ne l'a pas bien pris. Il a été très impoli et a dit des choses qui m'ont vraiment bouleversé, et je me suis demandé si notre relation était définitivement endommagée. Cependant, dans les jours et les semaines qui suivirent, alors que je vaquais à mes occupations quotidiennes, j'ai utilisé les principes de La Formidable Puissance de la Bénédiction pour dire la faveur de Dieu sur les affaires de mon frère. Parfois, je l'ai fait deux ou trois fois par jour. Puis, trois mois plus tard, la veille de Noël, mon frère m'a téléphoné comme si de rien n'était. J'étais très étonné par son attitude très amicale et il n'y avait aucun ressentiment entre nous du tout.

La Formidable Puissance de la Bénédiction sur des circonstances hors de notre contrôle fonctionne vraiment ... Louez le Seigneur!

Bénir Ceux Qui Vous Ont Offensé

Une des choses les plus exaspérantes pour certains d'entre nous est quand nous faisons des choses égoïstes, inconsidérées ou quand nous « trichons » carrément sur la route alors que nous conduisons. Cela arrive tout le temps. Un nombre de mots « pas du tout chrétiens » peut jaillir dans nos esprits et sortir de la bouche en un éclair. Quand cela se passe, nous maudissons quelqu'un créé pas Dieu et que Dieu aime. Dieu pourrait très bien défendre cette personne.

La prochaine fois que cela se passe, essayez de bénir les autres automobilistes, au lieu de dire des mots de colère:

> *Je bénis ce jeune homme qui vient de me doubler dans la queue (tricher dans la queue). Je lui déclare votre amour Seigneur. Je libère Votre bonté et toutes les intentions de sa vie sur lui. Je bénis ce jeune homme et J'appelle Son potentiel. Qu'il rentre sain et sauf à la maison et soie une bénédiction pour sa famille. Au nom de Jésus, amen.*

Ou plus simplement:

> *Père! Je bénis le conducteur de cette voiture, au nom de Jésus. Que ton amour le poursuive, le double et l'arrête!*

Une de mes lectrices a fait une observation intéressante:

> *La chose que j'ai remarquée est que la bénédiction m'a changé. Je ne peux pas bénir les gens qui m'ont irrité, par exemple, et puis leur parler – ou même avoir de mauvaises pensées – à leur sujet. Ce ne serait pas normal. Au lieu de cela je cherche à obtenir de bons résultats de la bénédiction ... – Jillian*

J'avais une fois, un ami qui s'appelait John et qui m'a invité à prier pour une dispute familiale concernant un problème d'héritage. Le différent trainait et devenait incroyablement désagréable. J'ai suggéré qu'au lieu de prier, nous bénissions la situation.

> *Nous bénissons cette situation de dispute sur cet héritage au nom de Jésus. Nous venons contre la division, le conflit et les querelles et nous libérons la justice, l'équité et la réconciliation. Comme nous bénissons cette situation, nous mettons de côté nos pensées personnelles et nos désirs et nous*

> *libérons Dieu afin qu'Il active Ses intentions sur le partage de l'héritage. Au nom de Jésus, amen.*

Deux jours après, le différent était résolu à l'amiable. La bénédiction peut réellement changer notre monde.

J'aime ce qu'un autre de mes lecteurs avait à dire:

> *J'ai été surpris par le temps de réponse rapide que j'ai constaté en bénissant les autres. C'est comme si le Seigneur était prêt à se lancer dans l'amour envers les gens, si seulement nous libererions les prières de la bénédiction sur eux. – Pasteur Darin Olson, Junction City, église Oregon Nazarene*

La bénédiction peut réellement changer notre monde.

BÉNIR, AU LIEU DE MAUDIRE, NOUS-MÊMES

Reconnaître et Briser les Malédictions
Combien de fois avons-nous eu ces pensées: « Je suis moche, je suis nul, je suis maladroit, je suis lourd, personne ne m'aime, Dieu ne pourrait jamais s'intéresser à moi, je suis un pécheur... »? il y a tant de mensonges que Satan nous fait croire.

J'ai une amie qui fait cela tout le temps, et cela m'attriste. « Oh, que tu es bête, Rose (ce n'est pas son vrai nom). Tu as encore foiré. Tu ne peux rien faire de bien... »

Ne répétez ou n'acceptez pas ces malédictions. A la place, bénissez-vous.

Je me rappelle une situation particulière avec un groupe de prière. J'ai remarqué un sentiment d'inutilité chez une femme qui était venue afin que l'on prie pour elle. Au cours de la prière, elle a dit, « je suis nulle ». Je lui ai demandé où elle avait entendu cela. Elle m'a répondu que ces parents lui avaient dit cela. C'est tellement triste… mais si commun.

Je l'ai accompagnée le long de ces phrases:

Au nom de Jésus, je pardonne mes parents. Je me pardonne. Je brise les paroles que mes parents et moi avons prononcées. J'ai reçu l'esprit du Christ. Je suis futée.

Nous avons sommairement écarté les esprits de rejection et d'inutilité, et ensuite, je l'ai bénie et lui ai déclaré qu'elle était la princesse de Dieu, qu'elle était précieuse pour Lui, que Dieu allait l'utiliser afin de bénir les autres, d'apporter une guérison émotionnelle et un espoir aux autres. Je l'ai bénie avec audace.

Lentement elle a absorbé cette bénédiction. Elle a commencé à rayonner. La semaine suivante elle a raconté comment tout cela lui avait fait du bien. Nous pouvons réellement changer notre monde.

N'importe qui peut faire ça. La Bible est pleine des intentions de Dieu pour Son peuple et nous pouvons tous déclarer ces intentions.

J'aimerais vous faire part d'un autre exemple. J'ai récemment prié pour un une femme qui avait des douleurs d'estomac. Alors que je priais, le Saint Esprit est « tombé » sur elle au moment où les démons sortaient. Tout allait bien les jours suivants mais après, les douleurs sont revenues. « Pourquoi Seigneur? ». S'est-elle demandée? Le Saint Esprit lui rappela que, quelques jours auparavant, alors qu'elle était en camp, quelqu'un lui a dit de s'assurer que le poulet était bien cuit sinon des personnes seraient malades. Elle a répondu qu'elle ne voulait tomber malade les quelques jours suivants (pour la durée de la conférence) mais qu'après, cela n'avait pas d'importance. Elle a dû briser la puissance de ces mots imprudents, et après, elle a immédiatement retrouvé le chemin de la guérison.

Bénir la Bouche d'Autrui

Je bénis ma bouche pour qu'elle prononce ce qui est précieux de ce qui est vain, et pour qu'elle soit comme la bouche de Dieu (Basé sur Jérémie 15:19)

Beaucoup de miracles de Jésus ont été simplement accomplis par la parole. Par exemple, « Continues ton chemin; ton fils vit » (Jean 4:50). Je veux ça. C'est pourquoi je bénis ma bouche et prends garde de ce qui en sort.

Ma femme et moi restions une fois dans un hôtel à Nouméa. Nous pouvions entendre un bébé pleurer sans arrêt tout au long de la nuit. Après deux soirs comme cela, ma femme est sortie sur le perron conjoint et a demandé à la mère ce qui n'allait pas. La femme ne savait pas mais elle a dit que le docteur avait prescrit une troisième série d'antibiotiques et que rien ne marchait. Ma femme lui a demandé si je pouvais prier pour le bébé et elle a accepté, bien que septique. Donc, avec mon français très moyen, j'ai prié pour le bébé et j'ai parlé avec ma foi, qu'elle « dormirait comme un bébé ». Ce qu'elle a fait.

Bénir l'Esprit d'Autrui
Je dis souvent,

> *Je bénis mon esprit; je possède l'esprit du Christ. Par conséquent, je pense Ses pensées. Que mon esprit soit un lieu saint où le Saint Esprit est heureux d'habiter. Qu'il reçoive des mots de savoir et de sagesse et de révélation.*

De temps en temps, je lutte avec la pureté de mes pensées, et j'ai trouvé cette aide. Je bénis aussi mon imagination, qu'elle soit utilisée pour le bien et non pour le mal. J'avais quelques difficultés avec mon imagination l'autre jour – Elle errait dans toutes sortes d'endroit où je ne voulais pas qu'elle aille – et Dieu a eu une impression sur moi, « Vois dans ton imagination Jésus faire Ses miracles ... et ensuite vois-toi les faire. » J'ai trouvé cela beaucoup plus efficace de penser à quelque chose de bien (Philippiens 4:8) plutôt que de penser à ne pas penser à quelque chose! Et bénir votre propre esprit et imagination, contribue beaucoup à achever les buts de la sainteté.

Une fois, alors que je me sentais déprimé par un échec

dans ma vie pensée, les paroles d'un vieil hymne se sont répandues dans mon cœur:

Soyez ma vision, ô Seigneur de mon cœur
Rien d'autre ne peut me sauver que ce que vous êtes
Vous, ma meilleure pensée de jour comme de nuit
Eveillé ou endormi, Votre Présence ma lumière.

Bénir Nos Corps

Etes-vous familier avec ce verset: « Un cœur joyeux est un bon remède, comme un médicament » (Proverbes 17:22)? La bible dit que notre corps réagit aux mots et aux pensées positives:

Je bénis mon corps. Aujourd'hui, je romps l'infirmité qui est sur moi. Je bénis mon bien-être physique.

J'ai regardé une fois la vidéo d'un homme qui souffrait de sérieux problèmes cardiaques. Son pontage coronarien s'était bouché. Il bénit ses artères pendant environ trois mois, leur déclarant être minutieusement et merveilleusement faites. De retour chez le docteur, on a découvert qu'il avait miraculeusement reçu un « nouveau » pontage.

J'ai pensé essayer cela sur ma peau. J'ai eu un problème à cause d'une surexposition au soleil lorsque j'étais jeune. Maintenant dans mes vieux jours, de petites excroissances apparaissent sur mes épaules et sur mon dos, ce qui requière qu'elles soient gelées à intervalles réguliers. J'ai décidé de bénir ma peau. Au début, je l'ai juste bénie au nom de Jésus. Mais après, j'ai lu quelque chose sur la nature de la peau qui a complètement changé mon point de vue. J'ai réalisé que, bien que j'en sois recouvert, je ne savais pas grand-chose sur le plus large organe de mon corps. J'en ai parlé, mais je ne lui ai jamais parlé. Et je doute ne jamais lui avoir dit quelque chose d'agréable – au lieu de cela, je me plaignais. Je n'étais pas reconnaissant.

Mais la peau est incroyable. C'est un système air conditionné et d'assainissement. Elle protège le corps contre l'invasion de germes et se guérit elle-même. Elle couvre et protège tous nos organes internes et le fait admirablement.

Merci Dieu pour notre peau – nos rides et tout. Je te bénis, peau.

Après quelques mois de ce genre de bénédiction, ma peau est maintenant presque guérie, mais la clé a été quand j'ai commencé à l'apprécier et à la remercier. Elle est minutieusement et merveilleusement faite. Une vraie leçon. Se plaindre repousse le Royaume de Dieu; la gratitude l'attire.

Voici un témoignage de mon ami David Goodman:

Il y a quelques mois, j'ai entendu Richard prêcher au sujet de la bénédiction – un sujet quelque peu anodin, mais un sujet qui a résonné à cause de l'angle sous lequel il a été présenté. Le résultat était que la bénédiction ne doit pas être quelque chose que l'on demande de Dieu, mais que nous Chrétiens avons l'autorité, sinon la responsabilité, de prendre avec nous dans ce monde déchu, et en tant qu'ambassadeurs du Christ, de créer un impact sur la vie d'autres individus pour le Royaume de Dieu. Nous pouvons sortir et les bénir dans leur vie, et leur révéler le Christ en même temps.

Cette idée est bonne quand l'un considère les autres, mais cette idée a été comme une pierre contre le mur pour moi quand j'ai dû consentir à me bénir moi-même. Je ne pouvais pas enlever de mon esprit que cela ne valait pas la peine, que c'était être égoïste, que je prenais Dieu pour argent comptant. Mes idées ont changé quand j'ai vu que nous, en tant que Chrétiens, sommes une 'nouvelle création', « re-nés » et créés de par la volonté de Dieu. Cela étant, le corps que nous avons maintenant est celui dont nous devrions chérir et prendre soin – nous sommes maintenant, après tout, un temple où le saint Esprit habite.

Cela dit, j'ai commencé une petite expérience – à chaque fois que je me réveille, je bénirais une partie de mon corps; la gratifierais pour le travail bien fait. Je louerais mes doigts pour leur dextérité, pour leur faculté à faire toutes les tâches que je leur assigne et encore plus. Je louerais mes jambes pour leur travail à me transporter vite et sans effort, pour leur capacité à fonctionner à l'unisson. J'ai loué toutes les parties de mon corps pour qu'elles travaillent ensemble. Une chose étrange est alors apparue.

Parce que je me sentais tellement mieux physiquement et mentalement, j'ai tourné mes pensées sur une douleur que j'avais depuis quelques mois dans mon avant-bras – une douleur qui semblait être dans l'os et qui avait régulièrement besoin d'être frottée au moins partiellement pour soulager un battement constant. Je me suis concentré dessus, louant mon corps pour sa faculté à guérir, pour sa ténacité à surpasser toutes choses jetées contre lui, pour le soutien que d'autres parties du corps lui donnent pendant que les réparations se font sur une autre. Cela faisait seulement trois semaines quand je me suis réveillé un matin pour m'apercevoir que je n'avais plus aucune douleur dans mon bras; que le mal avait complètement disparu et il n'est jamais revenu.

J'ai donc réalisé qu'il y a surement un temps et un lieu pour que le don de la guérison puisse être pratiqué à travers la foi, pour le bien d'autrui, qu'il y a aussi un autre chemin ouvert à nous en tant qu'individu, à engager ce don de guérison sur nous-mêmes. C'est une leçon d'humilité, en quoi nous pouvons croire que Dieu a donné à notre corps 'nouveau', que nous pouvons aller de l'avant en confiance dans une nouvelle façon de vivre.

Bénir Votre Demeure, Votre Mariage et Vos Enfants

Votre Demeure – Bénédiction Typique d'une Maison
C'est une bonne idée que de bénir votre maison et de renouveler cette bénédiction au moins une fois par an. Bénir la demeure où vous vivez requière simplement l'utilisation de votre autorité spirituelle en Jésus Christ à dédier et consacrer cet endroit au Seigneur. C'est inviter le Saint Esprit à venir, et contraindre tout ce qui n'est pas Dieu, de partir.

Une demeure n'est pas juste faite de briques et de mortier – elle a aussi une personnalité. Alors que vous avez maintenant l'autorité légale d'accéder à votre demeure, quelqu'un d'autre a eu cette autorité légale, de votre propriété, avant vous. Des choses peuvent avoir eu lieu en cet endroit, qui ont apporté soient des bénédictions ou soient des malédictions. Peu importe ce qu'il s'est passé, c'est votre autorité qui détermine ce que l'atmosphère spirituelle sera à partir de maintenant. S'il y a toujours des activités démoniaques émanant du précédent propriétaire, vous les ressentirez certainement – et c'est à vous de les faire sortir.

Bien sûr, vous devez tenir compte des forces démoniaques à qui vous donnerez inconsciemment accès à votre demeure. Avez-vous des peintures, œuvres artistiques, de la musique ou des DVDs considérées comme « impies »? Y a-t'il des péchés dans votre demeure?

Voici une bénédiction simple que vous pourriez faire alors que vous marchez autour de votre maison, pièce par pièce:

Je bénis cette demeure, notre maison. Je déclare que cette demeure appartient à Dieu, je la consacre à Dieu et la place sous la Seigneurie de Jésus Christ. C'est une maison de bénédiction.

Je brise toutes les malédictions de cette demeure avec le sang de Jésus. Je prends autorité de cette maison et de tous les démons au nom de Jésus et je leur ordonne de partir maintenant et ne jamais revenir. Je chasse tout esprit de disputes, de divisions et de discordes. Je chasse l'esprit de la pauvreté.

Viens Saint Esprit et expulse tout ce qui n'est pas de Toi. Emplis notre demeure avec Ta présence. Donne-nous Ton fruit, Ton amour, Ta joie, Ta paix, Ta gentillesse, Ta patience, Ta bonté, Ta douceur, Ta fidélité et Ta maîtrise. Je bénis cette demeure avec une paix débordante et un amour abondant. Que tous ceux qui viennent, ressentent Ta présence et soient bénis. Au nom de Jésus, amen.

J'ai marché autour des limites de ma propriété, la bénissant et lui appliquant spirituellement le sang de Jésus Christ pour la protection de la propriété, et des gens qui s'y trouvent, de tous les maux et catastrophes naturelles.

Votre Mariage

Nous avons ces mariages que nous bénissons et ces mariages que nous maudissons.

Quand j'ai lu pour la première fois cette affirmation dans *La Puissance de la Bénédiction* de Kerry Kirkwood, j'étais un peu choqué. Est-ce vrai?

J'y ai beaucoup réfléchi, et je crois que ces mots sont en grande partie vrais – et le mécontentement de notre mariage ou de nos enfants est dû au fait de ne pas les avoir bénis! En bénissant, nous recevons la bonté reconnue de Dieu dans toute sa puissance – celle-ci inclus une longue vie et des relations saines. Nous devenons parties prenantes, ou partenaires, avec ce que ou qui nous bénissons.

Méfie-toi des malédictions. Maris et femmes le savent très bien. Nous connaissons tous, les points chauds. Te dis-tu des choses comme ça? As-tu déjà entendu ce genre de choses ? « Tu n'écoutes jamais », « Ta mémoire est terrible ». « Tu ne peux pas cuisiner », « Tu es sans espoir ... » si cela est répété assez souvent, cette façon de parler devient une malédiction et devient vraie.

Ne maudissez pas, bénissez. Souvenez-vous, si vous maudissez (ou parler des mots de mort) vous n'hériterez pas de la bénédiction que Dieu vous veut. Pire encore, la malédiction nous affectera plus que la personne que nous maudissons. Serait-ce une des raisons pour laquelle nos prières ne sont pas entendues?

Apprendre à bénir est comme apprendre une nouvelle langue – embarrassant au début. Par exemple,

> Nicole, je te bénis au nom du Père, du Fils et du Saint Esprit. Je libère toute la bonté de Dieu sur toi. Que les intentions de Dieu sur ta vie fructifient.
>
> Je bénis ton talent à rencontrer et à aimer les gens, ton don d'hospitalité chaleureuse. Je bénis ton don à réconforter les gens. Je déclare que tu es l'hôte de Dieu, que tu reçois les gens de la façon dont Il le ferait. Je te bénis avec toute

l'énergie pour que tu continues à le faire jusqu'à la fin de tes jours. Je te bénis pour une bonne santé et une longue vie. Je te bénis avec l'huile de la joie.

Vos Enfants

Il y a plusieurs façons de bénir un enfant. Voici comment j'ai béni ma petite-fille, qui avait quatre ans à l'époque:

Ashley, je bénis ta vie. Que tu deviennes une femme merveilleuse de Dieu. Je bénis ton esprit afin qu'il reste clair et pour que tu gardes ta sagesse et ton discernement dans toutes les décisions. Je bénis ton corps afin qu'il reste pur jusqu'au mariage, de rester en bonne santé et forte. Je bénis tes mains et tes pieds afin qu'ils fassent le travail que Dieu te demande de faire. Je bénis ta bouche. Que celle-ci prononce des mots de vérité et d'encouragement. Je bénis ton cœur pour qu'il reste fidèle au Seigneur. Je bénis la vie de ton futur-mari et de tes futur-enfants avec richesse et unité. J'aime tout de toi, Ashley, et je suis fier d'être ton papi.

Bien sûr, si un enfant a des difficultés dans certains domaines, nous pouvons le bénir de façon plus appropriée. S'ils trouvent difficile d'apprendre à l'école, nous pouvons bénir leur esprit pour qu'il se souvienne des leçons et comprendre les concepts derrière l'enseignement; s'ils sont victimes d'intimidation, nous pouvons les bénir afin qu'ils grandissent dans la sagesse et la stature à la faveur de Dieu et des autres enfants; et ainsi de suite.

Je me souviens d'avoir parlé de Dieu avec une merveilleuse femme, au sujet de son petit-fils. Tout ce qu'elle disait de lui se concentrait sur ses défauts, son attitude rebelle et les problèmes de comportement qu'il avait à l'école. Il avait été envoyé dans un camp afin de l'aider à se remettre dans le droit et étroit chemin, et avait été renvoyé à la maison parce qu'il était si perturbateur.

Après avoir écouté pendant un moment, j'ai suggéré à la femme que par inadvertance, elle maudissait son petit-fils par la façon dont elle parlait de lui, et qu'elle l'emprisonnait avec ses mots. Donc elle a cessé de parler négativement, et à la place, elle l'a intentionnellement béni. Son mari, le grand-père du garçon, a fait de même. En quelques jours, le garçon avait complètement changé, retournant au camp et s'épanouissant. Parlez d'une réponse rapide à la formidable puissance de la bénédiction!

Une des choses les plus merveilleuses qu'un père puisse offrir à ses enfants est la bénédiction du père. Je me suis instruit sur ce sujet à partir du livre de Frank Hammond *La Bénédiction du Père*, qui est un livre merveilleux. Sans la bénédiction d'un père, il y a toujours un sentiment que quelque chose manque – un vide se creuse que rien ne peut combler. Pères, posez vos mains sur vos enfants, et sur d'autres membres de votre famille, (par exemple, placez vos mains sur leur tête ou leurs épaules) et bénissez-les souvent. Découvrez le bienfait de Dieu sur vous et eux.

Partout où je partage ce message, je demande aux hommes et aux femmes, « Combien de personnes ici ont eu les mains de leur père posées sur eux et les bénissant? » seulement quelques-unes levèrent leur main. Puis j'ai reformulé la question: « Combien de personnes ici n'ont jamais eu les mains de leur père posées sur eux et les bénissant? » Presque tout le monde a levé sa main.

Je leur demande alors si elles voudraient que je sois un père spirituel pour elles à cet instant – un « remplaçant » – de sorte que je puisse, avec la puissance du Saint Esprit, les bénir par la bénédiction qu'elles n'ont jamais reçue. La réponse a été écrasante: des larmes, de la délivrance, de la joie, de la guérison. Incroyable!

Si vous aspirez à la bénédiction du père, comme je l'ai fait, dites alors à voix haute les paroles suivantes à vous-même. C'est une bénédiction que j'ai adapté du livre de Frank Hammond.

La Bénédiction du Père

Mon enfant, je t'aime! Tu es spécial. Tu es un présent de Dieu. Je remercie Dieu pour m'avoir permis d'être ton père. Je suis fier de toi et je me réjouis de toi. Et maintenant, je te bénis.

Je te bénis pour la guérison de toutes les bles-

sures de ton cœur – des blessures de rejet, de négligence et d'abus dont tu as souffert. Au nom de Jésus, je romps la puissance de tous les mots cruels et injustes qui t'ont été dits.

Je te bénis de la paix débordante, de la paix que seul le Prince de la Paix peut donner.

Je bénis ta vie avec la fertilité: de bons fruits, des fruits abondants et des fruits qui restent.

Je te bénis avec le succès. Tu es la tête et non la queue; tu es au-dessus et non en-dessous.

Je bénis les dons que Dieu t'a donnés. Je te bénis avec la sagesse pour prendre de bonnes décisions et pour développer tout ton potentiel en Jésus Christ.

Je te bénis avec la prospérité débordante, te permettant de bénir autrui.

Je te bénis avec l'influence spirituelle, car tu es la lumière du monde et le sel de la terre.

Je te bénis avec la profondeur de la compréhension spirituelle et pour la marche à côté de Ton Seigneur. Tu ne trébucheras ou vacilleras pas, les paroles de Dieu seront une lumière à tes pieds et une lumière sur ton chemin.

Je te bénis de voir les femmes/les hommes comme Jésus fit et le fait.

Je te bénis de voir, de soutirer et de fêter l'or dans les gens, pas le mal/la boue.

Je te bénis de libérer Dieu à ton travail, non seulement pour témoigner et modeler le bon caractère, mais aussi pour glorifier Dieu avec l'excellence, la créativité et la beauté de ton travail.

Je te bénis avec de bons amis. Tu as la faveur de Dieu et des hommes.

Je te bénis avec un amour abondant et débordant, de qui tu administreras la grâce réconfortante de Dieu à autrui. Tu es béni, mon enfant! Tu es béni avec la bénédiction spirituelle de Jésus Christ. Amen!

Témoignage sur la Valeur de la Bénédiction du Père

J'ai été changé par la bénédiction du père. Depuis que je suis né, je n'ai jamais entendu un tel message prêché. Je n'ai jamais eu de père biologique à qui parler de ma vie jusqu'à maintenant. Dieu t'a utilisé, Richard, pour m'amener au point de vouloir prier et d'avoir un père spirituel qui déclare sa bénédiction sur ma vie. Quand tu as relâché la bénédiction de père-à-fils, mon cœur s'est réconforté et maintenant je suis heureux et béni. – Pasteur Wycliffe Alumasa, Kenya

Ce fut un long et difficile voyage naviguant mon chemin à travers la dépression ; une bataille combattue sur plusieurs fronts – la raison, l'esprit, le corps. Guérir mon passé a fini par être la clé et rien n'était un pas en avant plus significatif que de pardonner à mon père – pas seulement pour les choses blessantes qu'il avait faites dans le passé mais plus pour les choses qu'il n'avait pas faites – ses omissions. Mon père ne m'a jamais dit qu'il m'aimait. Il avait un blocage émotionnel. Il ne pouvait pas trouver de mots affectueux, attentionnés, émotionnels à dire – malgré un désir dans mon âme de les entendre.

Alors que le pardon et le processus de guérison interne ont fait disparaître ma dépression, je garde toujours quelques symptômes physiques – le plus important étant le syndrome de l'intestin irritable. Mon médecin m'a prescrit des médicaments et un régime, avec des résultats mais minimes, dont on m'a dit qu'il devait ménager les symptômes, plutôt que de fournir un remède.

Un de mes amis, Richard, m'a raconté des histoires sur la bénédiction du Père et sur les réactions des gens. Quelque chose dans mon esprit m'a donné une idée. J'ai pris conscience du fait que bien que j'eusse pardonné à mon père le vide qu'il avait laissé, je n'avais pas réellement comblé le vide ou satisfait l'appétit de mon âme.

Et c'est arrivé. Un matin, dans un café, prenant le

petit-déjeuner, Richard se glissa dans les chaussures que mon père ne pouvait pas remplir et me bénit en tant que fils. Le Saint-Esprit est tombé sur moi et est resté avec moi toute la journée. C'était une belle expérience et cette partie de mon âme qui avait pleuré était en paix.

Un résultat inattendu a toutefois été que mes symptômes du syndrome de l'intestin irritable ont complètement cessé. Mes médicaments et le régime du médecin ont été jetés par la fenêtre. Quand mon âme a reçu ce dont elle avait grand besoin, mon corps a été guéri aussi. – Ryan

Bénir Autrui en Libérant la Prophétie
Même si j'ai donné des exemples afin de vous aider à vous lancer, il est bon de demander au Saint Esprit d'être comme la bouche de Dieu, en déclarant et en libérant l'intention spécifique de Dieu ou un « mot de la saison » (le bon mot au bon moment). Si la situation le permet, activez votre esprit avec des prières en langue ou d'adoration.

Vous pourriez commencer par utiliser les différents modèles ci-dessus, mais se confier au Saint Esprit vous guidera. Ecoutez Son battement de cœur. Vous pourriez commencer de façon hésitante, mais vous attraperez bientôt le cœur du Seigneur.

Bénir Votre Lieu de Travail
Retournez à la première partie et mettez en pratique l'exemple que je vous ai donné, venant de ma propre expérience, à vos circonstances. Soyez ouvert à ce que Dieu vous montre – Il peut ajuster votre perspective. La bénédiction n'est pas une sorte d'incantation magique. Par exemple, Dieu ne fera pas acheter ce dont les gens n'ont pas besoin ou ne veulent pas. Dieu ne bénira pas non plus la paresse et la malhonnêteté. Mais si vous réunissez Ses conditions, alors vous devriez bénir votre compagnie – que Dieu vous aiderait à la transporter d'où elle est actuellement à la place où Il voudrait qu'elle soit. Ecoutez Son conseil ou le conseil des personnes qu'Il vous envoie. Soyez ouvert. Mais comptez aussi sur Sa faveur, parce qu'il vous aime et veut que vous réussissiez.

J'ai reçu le témoignage suivant de Ben Fox:

> *Mon travail particulier dans le secteur de l'immobilier a subi des changements ces dernières années et il y a eu une baisse significatrice dans mes affaires. Je suis allé voir plusieurs personnes afin de prier pour mon travail parce que ma charge de travail diminuait au point où j'étais inquiet et anxieux.*
>
> *A peu près à la même époque, au début deux mille quinze, j'ai entendu Monsieur Brunton prêcher une série de messages sur la bénédiction du lieu de travail, de quelqu'un, d'une société, d'une famille et d'autres domaines. Jusqu'à ce moment, l'objet de mes prières était de demander à Dieu de m'aider dans ces domaines. L'idée de pouvoir prononcer une bénédiction soi-même ne m'a jamais été enseigné auparavant, mais je peux maintenant voir que c'est écrit tout au long de la Bible, et je sais que Dieu nous appelle, et nous a donné l'autorité de le faire au nom de Jésus. Donc j'ai commencé à bénir mon travail, à prononcer les paroles de Dieu et à remercier*

Dieu pour ça. J'ai persisté à bénir mon travail chaque matin et aussi à remercier Dieu pour de nouvelles affaires, lui demandant de m'envoyer des clients que je pourrais aider.

Au cours des prochains douze mois, mon volume de travail avait augmenté de façon significative et, à certains moments, j'avais dû mal à gérer la quantité de travail qui m'était « tombée » dessus. J'ai appris qu'il y a un moyen pour inclure Dieu dans nos vocations quotidiennes, et bénir notre travail fait partie des choses que Dieu nous demande de faire. Par conséquent je donne à Dieu tout le crédit. J'ai commencé aussi à inviter le Saint Esprit à mes journées de travail, demandant la sagesse et des idées créatives. En particulier, j'ai remarqué que lorsque je demande au Saint Esprit de m'aider dans l'efficacité de mon travail, je le finis généralement bien avant le temps imparti.

Il m'est apparu que l'enseignement de la bénédiction et comment le faire ont été oubliés par de nombreuses églises, et d'autres Chrétiens à qui j'ai parlé n'en sont pas conscients. Bénir mon travail est maintenant devenu une habitude quotidienne, comme bénir autrui. Je suis aussi dans l'attente de voir le fruit des gens et des choses que je bénis lorsque celles-ci sont conformes aux paroles de Dieu et au nom de Jésus.

Bénir une Communauté
Je pense ici à une église – ou à une organisation semblable – bénir la communauté là où elle opère.

Enfants de .... (une communauté), nous vous bénissons au nom de Jésus afin de rencontrer Dieu, de connaître Ses intentions sur votre vie, et pour recevoir Ses bénédictions pour chacun d'entre vous, pour chacune de vos familles et pour toutes les situations de vos vies.

Nous bénissons chaque ménage de .... (la communauté). Nous bénissons chaque mariage et nous bénissons les relations entre les membres de famille de différentes générations.

Nous bénissons votre santé et votre fortune.

Nous bénissons le travail de vos mains. Nous bénissons chaque entreprise saine dans laquelle vous êtes impliqués. Qu'elles prospèrent.

Nous bénissons les enfants de vos écoles; nous les bénissons afin qu'ils apprennent et comprennent ce qu'on leur enseigne. Qu'ils grandissent en sagesse et en stature et dans la faveur devant Dieu et les hommes. Nous bénissons les enseignants et prions pour que l'école reste un endroit sain et sauf, où la croyance en Dieu et en Jésus peut être confortablement enseignée.

Nous parlons aux cœurs de toutes les personnes qui appartiennent à cette communauté. Nous les bénissons pour qu'elles soient ouvertes à la quête du Saint Esprit et deviennent de plus en plus sensibles à la voix de Dieu. Nous les bénissons avec toute le surplus du Royaume des Cieux que nous partageons ici à .... (L'église).

Forcément ce genre de bénédiction devrait être

adapté aux besoins particuliers de la communauté. Si c'est une communauté rurale, vous pourriez bénir la terre et les animaux. Si c'est une communauté où le chômage est une chose commune, alors bénissez les entreprises locales pour qu'elles créent des emplois. Ciblez la bénédiction aux besoins. Ne vous demandez pas s'ils le méritent ou pas! Les gens sauront au fond de leur cœur d'où vient cette bénédiction.

Bénir la Terre
Dans Genèse, nous voyons Dieu bénir l'humanité, lui donnant possession de la terre et de tous les êtres vivants, lui sommant d'être féconde et de se multiplier. C'est un aspect de la gloire originelle de l'humanité.

Alors que j'étais récemment au Kenya, j'ai rencontré un missionnaire qui a pris des enfants de la rue sous son aile et leur a enseigné l'agriculture. Il m'a raconté l'histoire d'une communauté musulmane qui se plaignait que leur terre était maudite, parce que rien n'y poussait. Mon ami missionnaire et sa communauté chrétienne ont béni la terre et elle est devenue fertile.

C'était une démonstration spectaculaire de la puissance de Dieu dégagée par la bénédiction.

Toujours au Kenya, j'ai aussi visité l'orphelinat que notre église supportait, bénissant leur verger, leur jardin, leurs poussins et leurs vaches. (J'ai béni mes propres arbres fruitiers avec grand succès.)

Le pasteur Geoff Wiklund m'a raconté l'histoire d'une église aux Philippines qui a béni un morceau de leur terre, au cœur d'une grave sècheresse. Leur terre était le seul endroit où il plut. Les fermiers voisins sont venus pour recueillir l'eau afin d'irriguer leur riz dans les tranchées qui entourait la terre de l'église. C'est un autre miracle remarquable où la faveur de Dieu était libérée grâce à la bénédiction.

Bénir le Seigneur
Bien que j'aie gardé ça pour la fin, cela devrait venir au début. La raison pour laquelle je l'ai gardé pour la fin, cependant, est parce que cela ne semble pas être en harmonie avec 'parler à quelqu'un ou quelque

chose des intentions ou de la faveur de Dieu'. C'est plutôt l'idée de 'faire plaisir'.

Comment bénissons-nous Dieu? Une façon de le faire nous est démontré dans le Psaumes 103:

Mon âme, bénis L'Eternel, et n'oublie aucun de ses bienfaits!

Quels sont les avantages du Seigneur envers nos âmes? Il pardonne, guérit, rachète, couronne, comble, renouvelle…

J'en ai fait une habitude que de me souvenir et de remercier Dieu chaque jour pour ce qu'Il fait en moi et à travers moi. Cela le bénit et me bénit aussi! Que ressentez-vous lorsqu'un enfant vous remercie ou est sensible pour quelque chose que vous avez faite ou dite? Cela réchauffe votre cœur et vous donne l'envie d'en faire plus pour eux.

Un Dernier Mot d'Une Lectrice

Il est difficile d'expliquer comment la bénédiction a transformé ma vie. Dans ma brève expérience jusqu'à maintenant, personne ne m'a refusé une bénédiction lorsque j'ai offert d'en donner une – j'ai même eu la chance de bénir un musulman. Offrir de prier une bénédiction sur la vie d'une personne ouvre une porte ... c'est une manière si simple et non menaçante d'amener le Royaume de Dieu dans une situation, dans la vie d'une personne. Pour moi, être capable de prier une bénédiction a ajouté un outil très spécial à ma boîte à outils spirituelle ... c'est comme si une partie de ma vie manquait auparavant et a maintenant été mise en place ... – Sandi

APPLICATIONS

- Pensez à quelqu'un qui vous a fait du mal – pardonnez-le si nécessaire, mais ensuite allez plus loin et bénissez-le.

- Pensez aux choses que vous dites régulièrement quand vous maudissez les autres et vous-même. Qu'allez-vous faire à ce sujet?

- Ecrivez-vous une bénédiction, à votre femme et à vos enfants.

- Rencontrez une autre personne et ouvrez-lui les portes de la prophétie. Demandez à Dieu la révélation de quelque chose de spécifique et d'encourageant pour cette personne. Commencez à parler en termes généraux, comme par exemple, « je te bénis au nom de Jésus. Que les plans et les desseins de Dieu pour ta vie se réalisent » et attends, sois patient.

Souviens-toi que tu as l'esprit du Christ. Ensuite, échangez et demandez à l'autre personne de vous bénir prophétiquement.

- Dans votre église, élaborez une bénédiction conjointe pour atteindre et guérir votre entourage, ou bénissez la mission que vous avez déjà.

COMMENT DEVENIR
UN CHRÉTIEN

Ce petit livre a été écrit pour les Chrétiens. Par des 'Chrétiens', je ne parle pas seulement des gens qui vivent une bonne vie. Je veux dire des gens qui sont « re-nés » par l'Esprit de Dieu et qui aiment et suivent Jésus Christ.

Les gens sont faits de trois parties: l'esprit, l'âme et le corps. La partie « esprit » a été conçue pour connaitre et communier avec un Dieu saint, qui est l'Esprit. Les humains ont été faits pour être intimes avec Dieu, d'esprit à Esprit. Cependant, le péché humain nous sépare de Dieu, ce qui entraîne la mort de notre esprit et la perte de la communion avec Dieu.

En conséquence, les gens ont tendance à opérer avec leur âme et leur corps seulement. L'âme contient l'intelligence, la volonté et les émotions. Le résultat de tout cela est trop visible dans notre monde: égoïsme, orgueil, cupidité, faim, guerres et manque de paix véritable et de sens.

Mais Dieu a eu un plan pour racheter l'humanité. Dieu notre Père a envoyé Son Fils, Jésus, qui est aussi Dieu, à venir sur terre comme un homme afin de nous montrer comment était Dieu – « Si vous m'avez vu, vous avez vu le Père » – et de prendre sur Lui les conséquences de nos péchés. Sa mort horrible sur la croix était prévue dès le tout début et était prédite en détail dans l'Ancien Testament. Il a payé le prix des péchés de l'humanité. La justice divine était satisfaite.

Mais après, Dieu a ressuscité Jésus d'entre les morts. Jésus promet à ceux qui croient en Lui qu'ils seront aussi ressuscités du royaume des morts pour passer l'éternité avec Lui. Il nous donne Son Esprit maintenant, comme une garantie, de manière à Le connaître et à marcher avec Lui pour le reste de nos vies terrestres.

Donc là, nous avons l'essence même de l'Evangile de Jésus Christ. Si vous reconnaissez et confessez vos péchés, si vous croyez que Jésus a pris sur Lui-même votre châtiment sur la croix et qu'Il a été ressuscité d'entre les morts, alors Sa Vertu vous sera imputée. Dieu enverra Son Saint Esprit afin de régénérer votre esprit humain. C'est ce que veut dire être re-né – et vous pourrez commencer à connaître et communier intimement avec Dieu – ce qui explique pourquoi Il vous a créé en première instance! Si votre corps meurt, Le Christ vous ressuscitera et vous donnera un nouveau corps, glorieux et impérissable. Hou la la!

Alors que vous continuez sur cette terre, le Saint Esprit (qui est aussi Dieu) travaillera en vous (pour vous purifier et vous dessiner plus, comme Jésus) et à travers vous (pour être une bénédiction pour les autres).

Ceux qui choisissent de ne pas recevoir ce que Jésus a payé, subiront le jugement dernier avec toutes ses conséquences. Vous ne voulez pas cela.

Voici une prière que vous pouvez prier. Si vous priez sincèrement, vous renaitrez.

Cher Dieu au paradis, je viens à Toi au nom

de Jésus. Je reconnais que je suis un pécheur. (Confessez tous vos péchés connus) je suis vraiment désolé pour mes péchés et pour la vie que j'ai vécu sans Toi et j'ai besoin de Ton pardon.

Je crois que Ton fils unique, Jésus Christ, a versé son sang précieux sur la croix et est mort à cause de mes péchés, et je suis maintenant prêt à tourner le dos sur mes péchés.

Tu as dit dans la bible (Romains 10:9) que si nous déclarons que Jésus est le Seigneur et croyons dans nos cœurs que Jésus est ressuscité d'entre les morts, nous devrions être sauvés.

A partir de maintenant, je me confesse à Jésus en tant que Seigneur de mon âme. Je crois que Dieu a ressuscité Jésus d'entre les morts. A ce moment précis, j'accepte Jésus Christ comme mon propre Sauveur et, selon Sa parole, à partir de maintenant, je suis sauvé. Merci, Seigneur, pour m'aimer tant, que Tu as été prêt à mourir à ma place. Tu es incroyable, Jésus, et je t'aime.

Maintenant je te demande de m'aider par Ton Esprit afin d'être la personne que tu as voulu que je sois depuis le commencement des temps. Conduis-moi aux compagnons croyants et à l'église de Ton choix où je pourrais grandir en toi. Au nom de Jésus, amen.

Merci pour lire ce petit livre.
Je vous invite à visiter mon site internet –
www.richardbruntonministries.org
Vous y trouverez des témoignages inspirants.

J'adorerais recevoir des témoignages
sur comment la bénédiction a transformé
votre vie, transformé la vie de ceux que
vous avez bénis.

Contactez-moi s'il vous plait par courriel au:
richard.brunton134@gmail.com

www.ingramcontent.com/pod-product-compliance
Lightning Source LLC
Chambersburg PA
CBHW051408290426
44108CB00015B/2205